Juega y aprende

De la Biblia – Nuevo Testamento

Dedicación

A los niños buscadores de sabiduría y valores: Este libro es para ti.
Esperamos que este libro te inspiren y te guíen en tu camino hacia
una vida llena de amor, justicia y compasión. Que estas
enseñanzas valiosas se conviertan en parte de ti y te ayuden a
crecer como persona.

¡Que disfrutes aprendiendo y descubriendo las maravillas de la Biblia

Amanfi V.

ISBN: 9798387651137

Introducción

Hola amiguito/a! ¿Estás listo/a para divertirte y aprender al mismo tiempo?

Este libro está diseñado especialmente para ti, para que puedas conocer las increíbles historias del Nuevo Testamento de la Biblia de una manera emocionante y entretenida.

Después de cada historia, encontrarás una sopa de letras con 10 palabras clave para encontrar. A medida que avances en el libro, las sopas de letras se irán volviendo un poco más difíciles, lo que significa que podrás ir mejorando tus habilidades de lectura y concentración.

¡Aprenderás sobre la Biblia y las enseñanzas de Jesús de una manera divertida y emocionante!

Reglas

Jesús nace en Belén

Leer el Tema

Había una vez un bebé muy especial llamado Jesús, quien nació en un lugar llamado Belén. Los ángeles cantaron y los pastores vinieron a verlo y le llevaron regalos.

Fue un día muy feliz para todos, ¡incluso para los animales en el establo donde nació!

Y así es como comenzó la historia del niño más importante del mundo.

Lucas 2:11

Leer la Enseñanza bíblica

#1

PALABRAS A BUSCAR

- Bebé
- Jesús
- Belén
- Ángeles
- Pastores
- Regalos
- Establo
- Feliz
- Importante
- Nacimiento

Q	Q	B	E	L	É	N	X	W	V
D	R	E	G	A	L	O	S	Q	Y
W	E	S	T	A	B	L	O	K	X
I	M	P	O	R	T	A	N	T	E
Y	X	X	Y	F	E	L	I	Z	U
N	A	C	I	M	I	E	N	T	O
W	V	B	E	B	É	X	X	U	X
J	E	S	Ú	S	U	Q	Q	V	X
P	A	S	T	O	R	E	S	X	U
Á	N	G	E	L	E	S	K	V	V

Sopa de letras

Buscar las Palabras en el sopa de letras

Nota

Las palabras en el sopa. de letras se encuentra hacia los lados o hacia abajo. Ejemplo

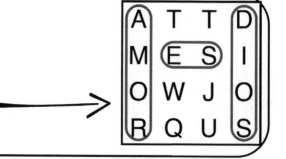

Jesús nace en Belén

Había una vez un bebé muy especial llamado Jesús, quien nació en un lugar llamado Belén. Los ángeles cantaron y los pastores vinieron a verlo y le llevaron regalos.

Fue un día muy feliz para todos, ¡incluso para los animales en el establo donde nació!

Y así es como comenzó la historia del niño más importante del mundo.

Lucas 2:11

#1

PALABRAS A BUSCAR

- Bebé
- Jesús
- Belén
- Ángeles
- Pastores
- Regalos
- Establo
- Feliz
- Importante
- Nacimiento

```
Q Q B E L É N X W V
D R E G A L O S Q Y
W E S T A B L O K X
I M P O R T A N T E
Y X X Y F E L I Z U
N A C I M I E N T O
W V B E B É X X U X
J E S Ú S U Q Q V X
P A S T O R E S X U
Á N G E L E S K V V
```

Los Reyes Magos visitan a Jesús

Hace muchos años, en un país lejano llamado Persia, vivían tres reyes muy sabios que vieron una estrella muy brillante en el cielo. Decidieron seguirla y viajaron durante mucho tiempo para llegar a Belén, donde encontraron a un bebé llamado Jesús.

Le llevaron regalos muy especiales, oro, incienso y mirra. Los Reyes Magos estaban muy contentos de conocer al niño Jesús, ¡y él también estaba feliz de verlos!

Fue un día muy especial y por eso hoy en día celebramos el día de Reyes.

Mateo 2:11

#2

PALABRAS A BUSCAR

- Reyes
- Magos
- Estrella
- Brillante
- Persia
- Regalos
- Oro
- Incienso
- Mirra
- Jesús

```
B R I L L A N T E U
U F V W M A G O S Z
O R O P E R S I A K
X H D U M I R R A Z
Q U E S T R E L L A
H V J E S Ú S D V K
F H U Z V W W K W K
I N C I E N S O H W
R E G A L O S D Z W
W F D R E Y E S K U
```

Jesús es bautizado por Juan el Bautista

Un día, Jesús fue a ver a Juan el Bautista, quien estaba bautizando a la gente en el río Jordán. Jesús le pidió a Juan que lo bautizara también.

Cuando Jesús salió del agua, una voz del cielo dijo: "Este es mi hijo amado en quien tengo complacencia".

Fue un momento muy especial y por eso, el bautismo es una celebración importante en la religión cristiana.

Mateo 3:16

#3

PALABRAS A BUSCAR

- Jesús
- Bautizado
- Juan
- Río Jordán
- Voz
- Cielo
- Hijo
- Complacencia
- Especial
- Celebración

W	W	K	W	F	G	F	C	I	E	L	O
H	I	J	O	W	F	X	Q	K	Y	X	Q
B	A	U	T	I	Z	A	D	O	F	W	Q
K	X	Y	G	F	G	G	K	W	X	K	F
Y	W	J	U	A	N	K	G	K	K	X	K
C	E	L	E	B	R	A	C	I	Ó	N	Y
K	Y	W	X	G	W	X	F	W	W	X	Y
G	R	Í	O	J	O	R	D	Á	N	Y	Q
W	G	Y	G	K	G	W	W	Y	X	X	Q
X	F	J	E	S	Ú	S	Y	F	V	O	Z
E	S	P	E	C	I	A	L	F	G	K	G
C	O	M	P	L	A	C	E	N	C	I	A

Jesús llama a sus discípulos

Un día, Jesús estaba caminando por la playa cuando vio a dos pescadores llamados Pedro y Andrés.

Les dijo: "Síganme y yo los haré pescadores de hombres".

Pedro y Andrés dejaron sus redes y siguieron a Jesús.

Más tarde, Jesús vio a otros dos hermanos, Santiago y Juan, que también eran pescadores, y los invitó a seguirlo.

Juntos, ellos se convirtieron en discípulos de Jesús y aprendieron muchas cosas de él.

Mateo 4:19

#4

PALABRAS A BUSCAR

- Jesús
- Discípulos
- Pescadores
- Pedro
- Andrés
- Santiago
- Juan
- Llamado
- Seguir
- Enseñanzas

W	V	P	E	D	R	O	Y	K	B
B	V	X	A	N	D	R	É	S	X
K	B	X	L	L	A	M	A	D	O
F	Q	Q	Y	W	X	Y	B	W	K
P	E	S	C	A	D	O	R	E	S
S	A	N	T	I	A	G	O	Y	Q
D	I	S	C	Í	P	U	L	O	S
E	N	S	E	Ñ	A	N	Z	A	S
Y	K	H	Q	S	E	G	U	I	R
J	E	S	Ú	S	Y	J	U	A	N

Jesús realiza milagros, como sanar a enfermos y multiplicar los panes y los peces

Jesús hizo muchos milagros. Sanó a personas enfermas y heridas, incluso a un hombre que era ciego desde su nacimiento.

En otra ocasión, Jesús multiplicó cinco panes y dos peces para alimentar a una multitud de personas hambrientas.

Todos comieron hasta saciarse y aún sobraron 12 canastas llenas de comida. La gente estaba asombrada por los milagros de Jesús y se maravillaban de su poder.

Mateo 14:14-21

#5

PALABRAS A BUSCAR

- Jesús
- Milagros
- Sanar
- Enfermos
- Ciego
- Multiplicar
- Panes
- Peces
- Multitud
- Asombro

W	W	W	M	U	L	T	I	T	U	D	Z
X	E	N	F	E	R	M	O	S	W	Z	H
Z	Q	X	V	W	Z	J	E	S	Ú	S	X
Q	C	I	E	G	O	Y	Q	Z	K	V	X
X	A	S	O	M	B	R	O	H	X	W	Q
W	H	H	V	Q	V	Z	Z	X	K	Q	V
W	M	U	L	T	I	P	L	I	C	A	R
Y	K	V	W	K	W	Y	P	A	N	E	S
H	H	V	W	H	Y	X	P	E	C	E	S
M	I	L	A	G	R	O	S	H	K	K	W
H	Q	W	Z	W	X	H	X	V	X	Q	Q
Z	H	S	A	N	A	R	K	V	Y	V	Y

La Última Cena de Jesús
con sus discípulos

Jesús y sus discípulos se reunieron para celebrar la Pascua. Durante la cena, Jesús tomó pan y lo partió, diciendo: "Este es mi cuerpo que es entregado por ustedes".

Luego tomó una copa de vino y la compartió con ellos, diciendo: "Esta es mi sangre, la sangre del nuevo pacto, que es derramada por muchos para el perdón de los pecados".

Después de la cena, Jesús lavó los pies de sus discípulos para enseñarles el amor y la humildad. **Fue una cena muy importante y emocionante para todos ellos.**

Mateo 26:39

#6

PALABRAS A BUSCAR

- Jesús
- Discípulos
- Última Cena
- Pascua
- Pan
- Cuerpo
- Sangre
- Nuevo pacto
- Lavado de pies
- Amor

Q	Y	B	K	B	W	H	B	F	Y	B	F
H	X	Ú	L	T	I	M	A	C	E	N	A
Z	N	U	E	V	O	P	A	C	T	O	F
C	U	E	R	P	O	K	X	P	A	N	Z
L	A	V	A	D	O	D	E	P	I	E	S
A	M	O	R	F	S	A	N	G	R	E	Z
W	K	F	H	F	B	H	K	Q	Z	K	X
B	Q	X	Z	K	P	A	S	C	U	A	X
H	Q	F	F	Q	F	Z	Y	Q	Q	K	Z
Z	Q	F	Z	F	Y	X	X	F	W	B	X
H	D	I	S	C	Í	P	U	L	O	S	K
H	B	X	H	F	X	Q	J	E	S	Ú	S

Jesús ora en el Jardín de Getsemaní

Después de cenar con sus discípulos, Jesús fue al Jardín de Getsemaní para orar. Se sentía muy triste y angustiado porque sabía que pronto sería arrestado y crucificado.

Jesús se arrodilló y oró a Dios, pidiéndole que le diera fuerzas para cumplir su misión en la Tierra.

Sus discípulos se quedaron dormidos, pero Jesús continuó orando con mucha sinceridad.

Mateo 26:39

#7

PALABRAS A BUSCAR

- Jardín
- Getsemaní
- Oración
- Tristeza
- Angustia
- Arresto
- Crucifixión
- Fuerza
- Cumplimiento
- Plan divino

Y	W	P	L	A	N	D	I	V	I	N	O
F	U	E	R	Z	A	H	B	Y	H	Q	Y
T	R	I	S	T	E	Z	A	B	B	Y	W
W	Y	B	Q	Y	A	R	R	E	S	T	O
H	Q	Y	K	B	W	W	K	Q	B	Q	K
W	K	B	G	E	T	S	E	M	A	N	Í
B	C	R	U	C	I	F	I	X	I	Ó	N
W	J	A	R	D	Í	N	H	B	W	K	W
H	H	A	N	G	U	S	T	I	A	K	B
Q	W	O	R	A	C	I	Ó	N	Y	H	B
W	B	B	H	Q	W	K	Y	Q	K	Q	H
C	U	M	P	L	I	M	I	E	N	T	O

Jesús es arrestado y llevado ante Pilatos

Después de orar en el Jardín de Getsemaní, Jesús fue arrestado por soldados romanos. Lo llevaron ante el gobernador Pilatos, quien lo interrogó y lo acusó de ser el rey de los judíos.

Jesús no respondió a las acusaciones y Pilatos no encontró ninguna razón para condenarlo, pero los líderes religiosos querían que fuera crucificado.

Finalmente, Pilatos cedió a sus demandas y Jesús fue condenado a muerte.

Fue un momento triste y difícil para todos los que lo amaban, pero Jesús sabía que estaba cumpliendo el plan de Dios para salvar a la humanidad.

Mateo 27:1-2

#8

PALABRAS A BUSCAR

- Jesús
- Arresto
- Soldados
- Pilatos
- Interrogar
- Acusación
- Condena
- Crucifixión
- Plan divino
- Salvación

```
Z Y Y Q Z A R R E S T O
W W Z Z K B H Y Z B W Y
K A C U S A C I Ó N K Z
Q B S A L V A C I Ó N M
H W C O N D E N A H Z Y
M H Z S O L D A D O S W
B J E S Ú S W Q Z M W B
Q H Y Z B Y Q M M W H H
P L A N D I V I N O B B
Q I N T E R R O G A R M
Y C R U C I F I X I Ó N
M Y P I L A T O S K K H
```

Jesús siendo crucificado en la cruz

Después de ser condenado por Pilatos, Jesús fue llevado al Gólgota, donde fue crucificado.

Soldados romanos lo clavaron en la cruz y lo dejaron allí para morir.

Durante su crucifixión, Jesús sufrió mucho y dijo "Padre, perdónalos, porque no saben lo que hacen".

Finalmente, Jesús murió en la cruz y su cuerpo fue puesto en un sepulcro.

Pero, tres días después, Jesús resucitó de entre los muertos, demostrando su poder y amor a la humanidad.

Mateo 27:35

#9

PALABRAS A BUSCAR

- Pilato
- Crucifixión
- Gólgota
- Soldados
- Clavado
- Sufrimiento
- Perdón
- Muerte
- Sepulcro
- Resurrección

```
B M W P Z W B S J K J R
B U Y E W C Z U Z J C E
W E Q R Y R H F B W L S
P R B D Z U S R B Q A U
I T B Ó S C O I Z Q V R
L E J N E I L M G Z A R
A W K B P F D I Ó Y D E
T Z H J U I A E L Q O C
O H B Y L X D N G Y Q C
W Q H Q C I O T O B Q I
B Q Q J R Ó S O T J W Ó
W Y Y W O N B Y A B Z N
```

Jesús resucita de entre los muertos

Después de ser crucificado y muerto, el cuerpo de Jesús fue colocado en un sepulcro.

Sin embargo, tres días después, sus discípulos encontraron el sepulcro vacío y se les apareció Jesús, que había resucitado de entre los muertos.

Los discípulos estaban sorprendidos y emocionados de ver a Jesús de nuevo. Él les explicó que su muerte y resurrección eran parte del plan de Dios para salvar a la humanidad.

Mateo 28:6

#10

PALABRAS A BUSCAR

- Jesús
- Resucitado
- Sepulcro
- Discípulos
- Aparición
- Plan divino
- Salvación
- Ascensión
- Promesa
- Victoria

```
Z B S B D V R H F W G F
F P A Q I I E W Z Z X H
A L L K S C S K A F F S
S A V B C T U X P K J E
C N A P Í O C Z A X E P
E D C R P R I B R W S U
N I I O U I T B I B Ú L
S V Ó M L A A W C H S C
I I N E O G D X I X H R
Ó N Q S S Q O F Ó K K O
N O K A G Y B Q N H F F
B Z Y F F B B Q B X G F Y
```

Jesús asciende al cielo

Lucas 24:51

Después de su resurrección, Jesús pasó cuarenta días con sus discípulos enseñándoles y preparándolos para lo que estaba por venir.

En su último día con ellos, Jesús los llevó a un monte y les dijo que se quedaran en Jerusalén hasta que recibieran el Espíritu Santo.

Luego, Jesús ascendió al cielo ante la mirada de sus discípulos.

Mientras miraban hacia el cielo, aparecieron dos ángeles que les dijeron que Jesús volvería de la misma manera en que los había dejado.

Después de que Jesús ascendió al cielo, los discípulos regresaron a Jerusalén para esperar la llegada del Espíritu Santo.

La ascensión de Jesús es una celebración importante en la religión cristiana, que marca el final de su misión en la Tierra y su regreso a Dios.

#11

PALABRAS A BUSCAR

- Santo
- Ascensión
- Cuarenta días
- Discípulos
- Enseñanzas
- Espíritu
- Montaña
- Ángeles
- Regreso
- Celebración

J	F	D	C	C	J	F	W	R	V	V	J
F	Y	I	U	E	M	Q	Y	E	V	K	X
X	X	S	A	L	O	Á	W	G	E	V	X
Y	V	C	R	E	N	N	E	R	N	J	A
V	S	Í	E	B	T	G	S	E	S	F	S
H	A	P	N	R	A	E	P	S	E	K	C
Y	N	U	T	A	Ñ	L	Í	O	Ñ	V	E
J	T	L	A	C	A	E	R	K	A	F	N
Q	O	O	D	I	F	S	I	X	N	V	S
F	Q	S	Í	Ó	X	Q	T	X	Z	V	I
W	F	Q	A	N	F	X	U	V	A	J	Ó
Y	H	Y	S	H	Q	J	X	J	S	V	N

El Espíritu Santo desciende sobre los discípulos de Jesús en Pentecostés

Hechos 2:1-4

Después de la ascensión de Jesús al cielo, sus discípulos estaban reunidos en un lugar cuando de repente se escuchó un ruido fuerte como de un viento huracanado.

Luego, aparecieron lenguas de fuego que se posaron sobre cada uno de ellos y comenzaron a hablar en diferentes lenguas.

La gente que estaba allí se quedó asombrada y pensó que los discípulos estaban borrachos.

Pero Pedro se levantó y les explicó que lo que estaban viendo era el cumplimiento de la profecía de Joel y que el Espíritu Santo había descendido sobre ellos en Pentecostés.

Después de este evento, muchos creyentes se unieron a la iglesia y los discípulos continuaron su misión de difundir el mensaje de Jesús al mundo entero.

#12

PALABRAS A BUSCAR

- Espíritu
- Santo
- Discípulos
- Pentecostés
- Viento
- Lenguas
- Hablar
- Profecía
- Creyentes
- Mensaje

Q	Z	W	V	W	W	W	Q	K	P	K	W
X	K	P	I	Q	Q	L	Z	W	E	K	Q
D	Z	R	E	C	K	E	M	Z	N	Q	W
I	W	O	N	R	S	N	E	K	T	E	Q
S	H	F	T	E	A	G	N	Z	E	S	W
C	A	E	O	Y	N	U	S	X	C	P	W
Í	B	C	K	E	T	A	A	W	O	Í	Q
P	L	Í	X	N	O	S	J	Q	S	R	K
U	A	A	Q	T	X	X	E	Z	T	I	Q
L	R	Q	K	E	Z	W	Z	W	É	T	Z
O	K	Q	X	S	K	X	K	Z	S	U	W
S	Q	Q	Z	K	Z	X	Q	Z	K	X	Q

Pedro y Juan sanan a un hombre cojo en el templo

Hechos 3:1-10

Un día, Pedro y Juan iban al templo para orar y vieron a un hombre cojo pidiendo limosna en la entrada.

Pedro se acercó al hombre y le dijo: "En el nombre de Jesús de Nazaret, levántate y anda".

El hombre sintió una energía nueva en sus piernas y de repente pudo caminar.

La gente que estaba allí se quedó asombrada y comenzó a alabar a Dios por el milagro que habían presenciado.

Pedro y Juan les explicaron que fue el poder de Jesús lo que sanó al hombre, y muchos creyentes se unieron a la iglesia después de este milagro.

#13

PALABRAS A BUSCAR

- Pedro
- Juan
- Sanación
- Hombre cojo
- Templo
- Oración
- Limosna
- Nombre
- Milagro
- Creyentes

F	Z	F	W	Z	X	F	K	K	F	Q	Z
X	J	W	F	K	S	W	X	O	K	X	H
V	U	K	X	X	A	C	F	R	V	W	O
Z	A	W	W	T	N	R	W	A	V	Z	M
K	N	Z	Q	E	A	E	P	C	V	L	B
K	N	Z	V	M	C	Y	E	I	M	I	R
V	O	X	Z	P	I	E	D	Ó	I	M	E
K	M	W	W	L	Ó	N	R	N	L	O	C
W	B	V	F	O	N	T	O	W	A	S	O
X	R	F	F	Z	X	E	F	X	G	N	J
W	E	Q	Z	V	Q	S	K	X	R	A	O
W	F	X	K	W	X	Z	W	X	O	V	K

Pablo se convierte en un seguidor de Jesús

Hechos 9:1-19

Pablo, antes conocido como Saulo, perseguía a los seguidores de Jesús porque pensaba que estaban equivocados.

Pero un día, mientras viajaba, Jesús se le apareció y le habló. Saulo se quedó tan sorprendido que se cayó del caballo y quedó ciego por unos días.

Un amigo de Jesús llamado Ananías vino a sanar a Saulo, y cuando Saulo vio de nuevo, se convirtió en un seguidor de Jesús y comenzó a enseñar a otros sobre su amor.

Pablo viajó por muchas partes del mundo hablando sobre Jesús, escribió cartas a las personas y animó a todos a seguir su camino.

#14

PALABRAS A BUSCAR

- Pablo
- Saulo
- Persecución
- Aparición
- Ceguera
- Amigo
- Ananías
- Seguidor
- Enseñanza
- Cartas

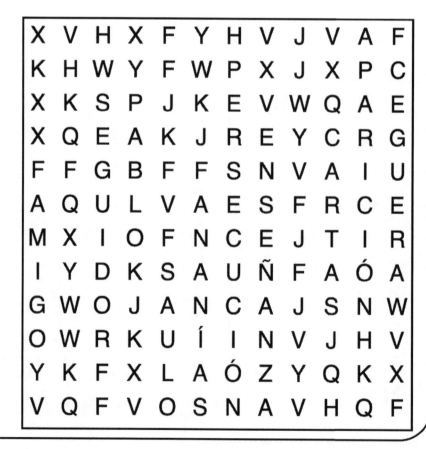

Pablo viaja por el mundo para enseñar acerca de Jesús

Hechos 13:4-12

Después de su conversión, Pablo se convirtió en uno de los mayores misioneros de la iglesia. Viajó por muchos lugares diferentes, enseñando a la gente acerca de Jesús y ayudando a establecer nuevas iglesias.

Pablo se enfrentó a muchos desafíos en su viaje, desde naufragios hasta ser encarcelado, pero nunca dejó de difundir la palabra de Jesús.

Incluso escribió muchas cartas a las iglesias y a las personas que conocía, animándolas a seguir a Jesús y enseñándoles más sobre su fe.

#15

PALABRAS A BUSCAR

- Pablo
- Misionero
- Enseñanza
- Jesús
- Iglesias
- Viaje
- Desafíos
- Cartas
- Fe
- Difusión

```
K J D I F U S I Ó N
G E V P T I U F M E
U S I P C K M E P N
W Ú A E K K G Z U S
L S J H P A B L O E
C S E J L U L S B Ñ
W Z C A R T A S M A
D E S A F Í O S C N
M I S I O N E R O Z
D I G L E S I A S A
```

El amor de Dios por nosotros

Juan 3:16

Dios nos creó y nos ama mucho, sin importar cómo seamos o lo que hagamos.

Dios envió a su hijo Jesús a la Tierra para mostrarnos cuánto nos ama y para enseñarnos a amar a los demás también.

Jesús nos enseñó que Dios siempre está allí para ayudarnos y guiarnos, y que nunca nos dejará solos.

Incluso cuando Jesús murió en la cruz, lo hizo para mostrarnos lo mucho que Dios nos ama y para darnos una oportunidad de estar con él para siempre.

El amor de Dios es un regalo especial que podemos llevar con nosotros siempre.

#16

PALABRAS A BUSCAR

- Dios
- Creación
- Amor
- Jesús
- Enseñanza
- Ayuda
- Cruz
- Sacrificio
- Regalo
- Especial

```
E R E S J E S Ú S Y
N E W A B C R G P K
S G C C R R B E G D
E A J R C E R S L I
Ñ L I I R A A P W O
A O A F U C M E L S
N F Y I Z I O C X M
Z B U C H Ó R I G B
A R D I M N C A A Y
T K A O X U O L C G
```

Dios nos perdona por nuestros pecados

1 Juan 1:9

Dios nos ama y quiere lo mejor para nosotros, pero a veces hacemos cosas malas que lastiman a otros y a nosotros mismos.

Esas cosas malas se llaman pecados, y nos alejan de Dios.

Pero si confesamos nuestros pecados y nos arrepentimos de ellos, Dios es fiel y justo para perdonarnos y limpiarnos de toda maldad.

Dios nos ama tanto que envió a Jesús a la Tierra para morir en la cruz y tomar el castigo por nuestros pecados.

Cuando confesamos nuestros pecados y nos arrepentimos de ellos, podemos estar seguros de que Dios nos perdona y nos ayuda a vivir una vida mejor.

#17

PALABRAS A BUSCAR

- Dios
- Perdón
- Pecados
- Confesión
- Arrepentir
- Jesús
- Cruz
- Castigo
- Amor
- Ayuda

```
C R U Z B T D A D A
C O N F E S I Ó N R
C V F W C J M D I R
P E C A D O S W A E
U S B Y D I O S M P
J P Q L J T E V O E
E O T A Y U D A R N
S C A S T I G O Z T
Ú C G O Z A X F M I
S P E R D Ó N N X R
```

La fe nos da la fuerza para superar los desafíos

Hebreos 11:1

A veces en la vida, enfrentamos desafíos que parecen demasiado grandes para nosotros.

Pero si tenemos fe en Dios y en nosotros mismos, podemos encontrar la fuerza para superar cualquier obstáculo.

La fe nos da la confianza y la esperanza que necesitamos para perseverar en momentos difíciles.

Incluso cuando no entendemos por qué algo está sucediendo, podemos confiar en que Dios tiene un plan para nosotros y que nos ayudará a superar cualquier cosa que se interponga en nuestro camino.

Con la fe, podemos hacer cosas increíbles y superar cualquier desafío que se presente.

18

PALABRAS A BUSCAR

- Fe
- Desafíos
- Fuerza
- Confianza
- Esperanza
- Perseverar
- Plan
- Ayuda
- Increíble
- Superación

P	A	I	N	C	R	E	Í	B	L	E	N
E	Y	S	U	P	E	R	A	C	I	Ó	N
R	U	O	D	I	V	A	E	G	F	B	D
S	D	X	E	O	X	G	R	I	Z	I	D
E	A	B	S	V	F	L	O	S	F	E	M
V	O	P	A	P	L	A	N	O	L	S	C
E	O	F	F	V	W	K	H	S	I	H	F
R	N	D	Í	K	M	H	Z	L	C	M	H
A	H	E	O	O	C	F	U	E	R	Z	A
R	T	Q	S	W	P	D	U	A	K	M	J
Q	E	S	P	E	R	A	N	Z	A	N	B
Y	U	V	C	O	N	F	I	A	N	Z	A

La importancia de orar

Mateo 6:6

Orar es hablar con Dios. Es una forma de conectarnos con él y pedirle ayuda, consejo o simplemente darle gracias.

Jesús nos enseñó que la oración es importante, y que no necesitamos hacerla en público o para impresionar a los demás.

En cambio, podemos orar en privado, en nuestro corazón, y Dios nos escuchará y nos responderá.

La oración es una forma de fortalecer nuestra relación con Dios y encontrar paz y consuelo en tiempos difíciles.

No importa dónde estemos o qué estemos haciendo, siempre podemos hablar con Dios y confiar en que nos escuchará y nos ayudará.

#19

PALABRAS A BUSCAR

- Oración
- Conexión
- Ayuda
- Jesús
- Importancia
- Privacidad
- Escuchar
- Fortalecer
- Paz
- Confianza

```
A C O N F I A N Z A Z A
C P N D G J T V I N M E
O I W J X O F X R C E R
N G A L E S C U C H A R
E J P R I V A C I D A D
X T O R A C I Ó N Z Y J
I I M P O R T A N C I A
Ó X E A B A Z P P A Z K
N Y J H Z D J E S Ú S A
Z A Y U D A T N T F J I
E K G E Q L A U L T I Z
F O R T A L E C E R S K
```

La importancia de leer la Biblia

Salmo 119:105

La Biblia es un libro especial que nos enseña sobre Dios y cómo podemos ser buenas personas.

En el Salmo 119:105, se nos dice que la Palabra de Dios es como una lámpara que nos muestra el camino.

Es importante leer la Biblia para saber cómo ser felices y vivir nuestras vidas de la mejor manera posible.

¡Así que agarra tu lámpara (la Biblia) y sigue el camino hacia una vida llena de amor y felicidad!

20

PALABRAS A BUSCAR

- Biblia
- Enseñanza
- Lámpara
- Camino
- Felicidad
- Amor de Dios
- Lectura
- Sabiduría
- Vida
- Feliz

```
A M O R D E D I O S R S
C A Y Q C M B J P F J A
C A M I N O D E V E B B
F E L I Z D C W E L L I
J Q E M G D S I N I E D
Q R R T C Z D J S C C U
O N X F H Z V J E I T R
L Á M P A R A P Ñ D U Í
L F B I B L I A A A R A
Y V P U D F Q R N D A J
W P E Z X T A Q Z Y Z X
J R V I D A G Y A F X A
```

La parábola del sembrador y la semilla

Mateo 13:3-9

Jesús contó una historia sobre un sembrador que salió a sembrar semillas en diferentes lugares.

Algunas semillas cayeron en el camino y los pájaros las comieron.

Otras semillas cayeron en tierra rocosa y no pudieron echar raíces, así que se secaron.

Otras semillas cayeron entre las espinas y fueron ahogadas.

Pero algunas semillas cayeron en buena tierra, crecieron y produjeron mucho fruto.

Esta parábola nos enseña que la semilla es la Palabra de Dios, y que depende de cómo la recibimos y la cuidamos si crecerá o no en nosotros.

Si escuchamos y seguimos la Palabra de Dios, podemos crecer y dar frutos en nuestra vida.

#21

PALABRAS A BUSCAR

- Jesús
- Sembrador
- Semillas
- Pájaros
- Tierra
- Espinas
- Buena
- Palabra
- Crecimiento
- Frutos

```
F S J J S D Y O H X T W
G T O E C P V D Z I I C
U W U S C V S Q H O E R
N G W Ú V B I K X K R E
B H G S D E L R K Z R C
U J P Á J A R O S J A I
E S E M B R A D O R X M
N I F R U T O S S F I I
A E R K A Q X C J G Y E
K R U S E M I L L A S N
M M P A L A B R A S B T
B E S P I N A S H W Y O
```

La parábola del hijo pródigo

Lucas 15:11-32

Había un hijo que pidió su parte de la herencia y se fue a gastarla en cosas malas.

Después de gastar todo su dinero, tuvo que trabajar cuidando cerdos y pasó mucha hambre.

Finalmente, decidió regresar a casa para pedir perdón a su padre.

Cuando llegó, su padre lo recibió con los brazos abiertos y organizó una gran fiesta para celebrar su regreso.

Esta historia nos enseña que Dios siempre nos perdona y nos ama, sin importar cuántos errores cometamos.

Incluso cuando nos alejamos de él, podemos regresar a Dios y ser recibidos con amor y celebración.

22

PALABRAS A BUSCAR

- Hijo
- Herencia
- Gastar
- Cerdos
- Arrepentirse
- Perdón
- Fiesta
- Regreso
- Amor
- Celebración

```
Z H Q S E G A S T A R A
V C C Y P H I J O B N R
M A E Q D R D N H V C R
V W L R E G R E S O F E
W H E K U Z J B M Z F P
V E B P F P E R D Ó N E
T R R H I C F B S C B N
X E A N E E A T F G A T
T N C A S R W C T I M I
Q C I R T D Q Z D X O R
W I Ó I A O U E L L R S
H A N X B S S Z N Q J E
```

La parábola del buen samaritano

Lucas 10:25-37

Un hombre estaba viajando por un camino peligroso y fue atacado por ladrones.

Pasaron varios hombres importantes por el lugar, pero ninguno lo ayudó.

Finalmente, un samaritano se acercó y cuidó del hombre herido, lo llevó a un lugar seguro y pagó por su atención médica.

Esta parábola nos enseña que debemos ayudar a los demás, incluso si no los conocemos o si son diferentes a nosotros.

Debemos ser como el buen samaritano y hacer lo correcto, incluso si no es fácil.

Siempre hay algo que podemos hacer para ayudar a alguien, y Dios nos llama a amar y cuidar a nuestros vecinos como a nosotros mismos.

23

PALABRAS A BUSCAR

- Viajero
- Ladrones
- Hombre
- Samaritano
- Cuidado
- Herido
- Atención
- Ayuda
- Amor
- Vecinos

```
N C D C N S A M O R M T
T L D N L A D R O N E S
D X V I A J E R O H Y J
T G U P Z A Y U D A X T
U O N P E B B A V M A V
Z I B B H O M B R E T C
H E R I D O S O I G E P
C U I D A D O T Q B N G
S A M A R I T A N O C K
D E Y B B P Y S W Q I T
P T V E C I N O S C Ó K
Z C F Q O T A T I R N I
```

La parábola del rico y Lázaro

Lucas 16:19-31

Había un hombre rico que vivía en una gran casa y vestía ropa cara.

Fuera de su casa, había un hombre pobre llamado Lázaro que estaba enfermo y hambriento.

El hombre rico no ayudó a Lázaro, pero después de que ambos murieron, el rico fue al infierno y Lázaro fue al cielo.

El rico pidió ayuda, pero ya era demasiado tarde.

Esta parábola nos enseña que debemos ayudar a los necesitados y ser bondadosos con los demás.

Lo que hacemos en la tierra afecta nuestro futuro en la vida después de la muerte.

Así que hagamos el bien y ayudemos a los demás, porque Dios nos llama a amar y cuidar a los demás como a nosotros mismos.

#24

PALABRAS A BUSCAR

- Hombre rico
- Casa
- Ropa cara
- Rico
- Lázaro
- Enfermo
- Hambriento
- Cielo
- Infierno
- Pobre

H	E	N	F	E	R	M	O	S	P	P	E
G	D	J	C	I	E	L	O	J	E	A	J
Q	U	J	Q	O	R	B	H	C	A	S	A
P	H	A	M	B	R	I	E	N	T	O	Z
O	C	Q	K	R	O	P	A	C	A	R	A
M	L	Á	Z	A	R	O	H	X	O	M	H
O	L	H	I	T	M	J	Z	O	F	H	P
L	H	V	V	P	X	V	T	G	C	E	O
H	O	M	B	R	E	R	I	C	O	T	B
I	N	F	I	E	R	N	O	U	L	A	R
R	R	I	C	O	D	J	X	B	N	F	U
Z	M	L	S	Y	B	T	L	Y	S	J	K

La parábola del buen pastor

Juan 10:11

Jesús contó una historia sobre un pastor que tenía muchas ovejas.

Un día, una de las ovejas se perdió y el pastor dejó las otras para buscarla.

Después de buscarla por todas partes, finalmente encontró a la oveja perdida y la llevó de vuelta al rebaño.

Jesús dijo que él era como el buen pastor, que cuida de sus ovejas y está dispuesto a arriesgar todo por una sola.

Esta parábola nos enseña que Jesús nos ama y nos cuida como un buen pastor.

Si alguna vez nos perdemos o nos sentimos solos, podemos confiar en que Jesús nos buscará y nos guiará de vuelta a casa.

#25

PALABRAS A BUSCAR

- Jesús
- Pastor
- Ovejas
- Perdida
- Búsqueda
- Encontrar
- Rebaño
- Amor
- Cuidado
- Guía

La oración del Padre Nuestro

Mateo 6:9-13

Jesús enseñó a sus discípulos una oración que podemos decir a Dios.

Comienza diciendo: "Padre nuestro que estás en el cielo".

Luego pedimos que se haga la voluntad de Dios en la tierra como en el cielo, y pedimos por nuestro pan diario y por el perdón de nuestros pecados, así como nosotros perdonamos a los demás.

Finalmente, pedimos a Dios que nos libre del mal y nos proteja.

Esta oración nos enseña que podemos hablar con Dios en cualquier momento y pedirle lo que necesitamos.

Si seguimos sus mandamientos, él nos escuchará y nos bendecirá.

26

PALABRAS A BUSCAR

- Jesús
- Discípulos
- Padre
- Cielo
- Voluntad
- Pan
- Perdón
- Pecados
- Mal
- Protección

#26

```
W G R Z C I E L O T
Z P E C A D O S W F
P R O T E C C I Ó N
X P X G B K S M A L
R A F K J O L U L B
P D T S I C N I W D
A R W J E S Ú S J R
N E K J P E R D Ó N
H I V O L U N T A D
D I S C Í P U L O S
```

La importancia de ayudar a los demás

Hebreos 13:16

La Biblia nos enseña que es importante ayudar a los demás.

En Hebreos 13:16 dice: "No se olviden de hacer el bien y de compartir lo que tienen, porque tales sacrificios agradan a Dios".

Esto significa que cuando ayudamos a otros, estamos haciendo algo que Dios ama.

Podemos ayudar de muchas maneras, como compartir nuestras cosas, hacer un acto de bondad o simplemente ser amables.

La Biblia nos dice que debemos tratar a los demás como nos gustaría que nos trataran a nosotros.

Así que recuerda, ¡ayudar a los demás es importante y hace feliz a Dios!

27

PALABRAS A BUSCAR

- Ayudar
- Demás
- Importante
- Hebreos
- Bien
- Compartir
- Sacrificios
- Agradar
- Dios
- Bondad

```
L B J X B A B R J O J C
D I O S X N A Y U D A R
I M P O R T A N T E L U
E J C U H E B R E O S S
E J N J Q B I E N V V L
H U I X N E I X O T T A
S A C R I F I C I O S C
X U E D X H B V R F E D
S X Q C A G R A D A R E
B K B O N D A D Y I D M
F H C O M P A R T I R Á
G P C W F A P N F I N S
```

La importancia de ser amable y compasivo

Efesios 4:32

La Biblia nos enseña que es importante ser amables y compasivos con los demás.

En Efesios 4:32 dice: "Sean amables y compasivos los unos con los otros, perdonándose mutuamente, así como Dios los perdonó a ustedes en Cristo". Esto significa que debemos tratar a los demás con amor y compasión, perdonarlos y mostrarles la misma gracia que Dios nos muestra a nosotros. Cuando somos amables y compasivos, hacemos el mundo un lugar mejor y mostramos el amor de Dios a los demás.

Así que recuerda, siempre sé amable y compasivo con los demás, y trata a los demás como te gustaría ser tratado.

#28

PALABRAS A BUSCAR

- Biblia
- Amables
- Compasivos
- Demás
- Perdón
- Mutuamente
- Gracia
- Cristo
- Amor
- Dios

```
A A V L Y F M C U D G D
M H Z J M W Q O M B J E
A A E X B H X M U E N M
B S R T J X L P T H E Á
L E O T L A Z A U K X S
E T S W W J C S A G B L
S G I V L E V I M H D P
L B I B L I A V E W I N
C R I S T O D O N N O A
P E R D Ó N M S T A S M
G R A C I A X D E T M O
Y B P A G K F L Q G Z R
```

La importancia de compartir lo que tenemos con los demás

Hechos 20:35

En Hechos 20:35 dice: "En todo les he enseñado que así, trabajando, se debe ayudar a los necesitados, y recordar las palabras del Señor Jesús, que dijo: 'Hay más dicha en dar que en recibir'".

Esto significa que cuando ayudamos a los demás, estamos siguiendo el ejemplo de Jesús, quien nos enseñó que dar es mejor que recibir.

Podemos compartir nuestras cosas, nuestro tiempo y nuestro amor con los demás.

Cuando compartimos, hacemos el mundo un lugar mejor y mostramos el amor de Dios a los demás.

Así que recuerda, siempre trata de compartir lo que tienes con los demás, y trabaja para ayudar a aquellos que más lo necesitan.

29

PALABRAS A BUSCAR

- Biblia
- Compartir
- Demás
- Trabajo
- Ayuda
- Necesitados
- Jesús
- Dicha
- Dar
- Amor

T	B	S	X	W	U	B	I	B	L	I	A
T	Q	N	T	V	O	H	M	A	D	O	V
R	Y	E	C	O	M	P	A	R	T	I	R
A	L	C	R	B	O	N	J	E	S	Ú	S
B	O	E	C	I	X	U	W	S	Z	G	A
A	N	S	L	A	M	O	R	Q	J	M	T
J	Q	I	J	B	X	S	O	D	L	V	T
O	L	T	W	A	M	M	L	I	W	D	Y
N	D	A	V	Y	X	O	I	C	O	A	N
X	I	D	G	U	G	N	G	H	X	R	W
D	L	O	H	D	Z	E	E	A	O	E	R
A	C	S	W	A	U	D	E	M	Á	S	O

La importancia de perdonar a los demás

Mateo 18:21-22

En Mateo 18:21-22 dice: "Señor, ¿cuántas veces debo perdonar a mi hermano que peca contra mí? ¿Hasta siete veces? Jesús le dijo: 'No te digo hasta siete veces, sino hasta setenta veces siete'".

Esto significa que debemos perdonar a los demás no solo una vez, sino muchas veces.

Cuando perdonamos, estamos siguiendo el ejemplo de Jesús, quien nos perdonó a todos nuestros pecados.

El perdón nos libera del odio, la ira y la amargura, y nos permite vivir en paz y armonía con los demás.

Así que recuerda, siempre trata de perdonar a los demás, y no te canses de hacerlo.

#30

PALABRAS A BUSCAR

- Biblia
- Perdonar
- Demás
- Pecados
- Jesús
- Veces
- Odio
- Ir a
- Amargura
- Paz

```
Y V Q C X F Z U I R A W
Y O B A J E S Ú S M V L
J K M P A R Z V E C E S
G G P E M N B H J F U G
F H E R A B I B L I A A
Y L C D R V P Z F O K A
B O A O G R Q V S D U F
I A D N U M J C Z I H D
T R O A R J G U Y O S Y
N A S R A W P F F T V P
X W X P W E Y D E M Á S
H P M O O M P A Z B W T
```

La historia de Zaqueo, el recaudador de impuestos

Lucas 19:1-10

Zaqueo era un recaudador de impuestos odiado por la gente. Cuando Jesús llegó a su ciudad, subió a un árbol para poder verlo. Jesús lo llamó para quedarse en su casa y Zaqueo decidió cambiar su vida.

Jesús dijo que había venido a buscar y salvar lo perdido.

La historia de Zaqueo nos enseña que siempre podemos cambiar y buscar a Jesús.

#31

PALABRAS A BUSCAR

- Zaqueo
- Recaudador
- Jesús
- Árbol
- Casa
- Cambio
- Salvación
- Perdido
- Arrepentir
- Gracia

A	Q	G	G	R	A	C	I	A	K	C	S
S	R	E	C	A	U	D	A	D	O	R	L
A	L	G	H	Q	A	B	A	C	S	J	J
F	E	B	A	X	J	R	R	A	A	A	E
I	Á	R	B	O	L	H	R	M	L	O	S
Z	A	Q	U	E	O	P	E	B	V	G	Ú
W	S	A	E	W	R	A	P	I	A	F	S
X	I	I	C	A	S	A	E	O	C	C	H
P	E	R	D	I	D	O	N	I	I	F	R
J	N	F	S	S	H	K	T	U	Ó	Z	L
L	P	X	K	H	P	Z	I	Y	N	H	U
A	C	H	H	Z	B	P	R	J	A	P	A

La historia de la mujer adúltera

Juan 8:1-11

Los hombres siguieron presionando a Jesús para que dijera qué debían hacer con la mujer. Entonces, Jesús se levantó y les dijo: "El que esté libre de pecado que arroje la primera piedra". Los hombres se fueron uno por uno, dejando solo a Jesús y la mujer.

Jesús se acercó a la mujer y le preguntó: "¿Nadie te ha condenado?". "No, Señor", respondió ella. Entonces, Jesús le dijo: "Tampoco yo te condeno. Vete y no peques más".

La historia de la mujer adúltera nos enseña que no debemos juzgar a los demás y que todos tenemos la oportunidad de cambiar y arrepentirnos. **Jesús nos muestra su amor y misericordia, y nos invita a hacer lo mismo con los demás.**

#32

PALABRAS A BUSCAR

- Jesús
- Mujer
- Adulterio
- Condena
- Piedra
- Libre
- Pecado
- Misericordia
- Amor
- Perdón

```
A M U J E R N G E F M U
O B F F U E J E S Ú S L
O G P E R D Ó N I R W U
M I S E R I C O R D I A
Y N C U D R N C R L V R
P J O V P I E D R A I B
E N N A M O R W Q I B Q
C Y D F T O N O H M E G
A I E A D U L T E R I O
D L N Y J D V L I B R E
O R A G M D N V L Z A X
V N F T C V O D N Q C G
```

La historia de la mujer samaritana en el pozo

Juan 4:4-26

Jesús se encontró con una mujer samaritana en un pozo. Él le habló de agua viva y descubrió que ella había tenido muchos esposos. Jesús le dijo que era el Mesías y ella contó a su pueblo.

La historia de la mujer samaritana nos enseña que Dios se preocupa por todos y ofrece vida eterna.

#33

PALABRAS A BUSCAR

- Jesús
- Samaritana
- Pozo
- Agua
- Vida eterna
- Mesías
- Esposos
- Creencia
- Salvación
- Amor de Dios

T	N	P	H	M	N	Y	N	V	C	S	U
V	L	H	N	T	L	Q	A	I	I	A	K
T	B	A	U	C	J	E	M	D	H	M	I
Z	P	G	W	R	E	K	O	A	S	A	D
E	I	U	M	E	S	Z	R	E	A	R	S
E	K	A	X	E	Ú	Y	D	T	L	I	E
S	W	A	P	N	S	H	E	E	V	T	C
P	E	R	P	C	N	C	D	R	A	A	U
O	X	R	D	I	J	A	I	N	C	N	H
S	D	N	B	A	I	G	O	A	I	A	B
O	C	P	O	Z	O	K	S	R	Ó	A	D
S	U	M	E	S	Í	A	S	U	N	Z	L

La historia de la resurrección de Lázaro

Juan 11:1-44

Un día, Lázaro, un amigo de Jesús, enfermó gravemente y murió. Jesús llegó a la casa de Lázaro cuatro días después de su muerte, donde se encontró con su hermana Marta y otros amigos.

Jesús lloró por la muerte de Lázaro y luego les dijo a todos que quitasen la piedra de la entrada de la cueva donde Lázaro estaba enterrado. Jesús oró a Dios y luego gritó: "¡Lázaro, sal fuera!".

Para sorpresa de todos, Lázaro salió de la cueva, aún envuelto en su ropa funeraria. La gente se maravilló y muchos creyeron en Jesús por la historia de la resurrección de Lázaro.

La historia de la resurrección de Lázaro nos enseña que Jesús tiene poder sobre la muerte y nos ofrece vida eterna en Él. También nos muestra que Jesús se preocupa por nosotros y que podemos confiar en Él en todo momento.

34

PALABRAS A BUSCAR

- Jesús
- Lázaro
- Enfermedad
- Muerte
- Marta
- Resurrección
- Piedra
- Oración
- Maravilla
- Vida eterna

R	E	S	U	R	R	E	C	C	I	Ó	N
N	E	Q	M	A	R	A	V	I	L	L	A
S	H	E	N	F	E	R	M	E	D	A	D
L	S	F	V	J	M	U	E	R	T	E	K
T	H	P	I	E	D	R	A	A	H	Z	G
V	O	T	J	B	O	H	V	F	I	C	Z
R	Q	H	U	X	W	J	V	F	X	M	J
M	S	A	U	X	P	B	I	K	C	A	E
Q	O	R	A	C	I	Ó	N	V	S	R	S
K	P	T	N	Y	Z	C	Q	T	P	T	Ú
J	G	D	L	Á	Z	A	R	O	Z	A	S
H	V	I	D	A	E	T	E	R	N	A	P

La historia de la transfiguración de Jesús

Mateo 17:1-13

Un día, Jesús llevó a Pedro, Santiago y Juan a una montaña alta. Allí, Jesús se transfiguró y su rostro brilló como el sol. También aparecieron Moisés y Elías, quienes hablaron con Jesús.

Pedro ofreció construir tres refugios para Jesús, Moisés y Elías, pero luego una nube los cubrió y se escuchó una voz que dijo: "Este es mi Hijo amado, en quien me complazco; a él escuchad".

Los discípulos quedaron atónitos y Jesús les dijo que no dijeran nada hasta que Él hubiera resucitado de entre los muertos. **La historia de la transfiguración de Jesús nos enseña que Jesús es el Hijo de Dios y nos invita a escucharle y seguirle.**

#35

PALABRAS A BUSCAR

- Jesús
- Pedro
- Santiago
- Juan
- Montaña
- Transfigurar
- Moisés
- Elías
- Voz
- Hijo de Dios

E	E	L	Í	A	S	Z	P	S	G	I	T
U	U	F	W	A	K	M	L	A	A	Y	N
F	M	P	N	O	G	D	P	N	D	M	U
X	O	J	U	A	N	K	D	T	O	O	O
X	N	V	S	K	U	M	A	I	G	I	T
E	T	W	N	T	U	D	B	A	V	S	T
Q	A	V	J	U	L	Y	Q	G	O	É	T
B	Ñ	Y	E	P	G	H	S	O	Z	S	G
D	A	Q	J	E	S	Ú	S	A	Q	Y	M
T	R	A	N	S	F	I	G	U	R	A	R
E	S	H	I	J	O	D	E	D	I	O	S
X	G	C	P	E	D	R	O	F	H	A	R

La historia del joven rico que no quería seguir a Jesús

Juan 9:1-12

Había un joven rico que quería ir al cielo. Jesús le dijo que vendiera todo y lo siguiera. El joven no quería deshacerse de sus cosas.

Jesús dijo que es más fácil que un camello pase por el ojo de una aguja que un rico entre al cielo.

El joven se fue triste.

36

PALABRAS A BUSCAR

- Joven rico
- Jesús
- Cielo
- Vender
- Seguir
- Cosas
- Camello
- Aguja
- Rico
- Triste

E	T	S	Y	C	O	J	E	S	Ú	S	U
L	M	U	T	R	I	S	T	E	A	U	N
I	R	W	Y	O	C	O	S	A	S	E	C
C	I	E	L	O	J	M	Y	E	T	E	C
C	J	O	V	E	N	R	I	C	O	V	H
R	R	C	G	D	G	Q	C	Y	I	J	W
V	I	A	A	Y	Q	J	I	E	L	G	A
E	C	M	G	J	S	E	G	U	I	R	O
N	O	E	U	H	B	G	H	C	J	H	U
D	Q	L	J	A	R	M	U	Q	O	Q	T
E	K	L	A	K	F	Z	Y	S	I	U	F
R	W	O	W	X	C	X	V	X	Q	G	F

La historia de la curación de un leproso

Lucas 17:11-19

Había un hombre con una enfermedad llamada lepra. Vio a Jesús y le suplicó que lo curara. Jesús lo tocó y le dijo que se mostrara al sacerdote. El hombre fue sanado y regresó para darle las gracias a Jesús.

Jesús estaba feliz de ver que el hombre había sido curado.

#37

PALABRAS A BUSCAR

- Hombre
- Enfermedad
- Lepra
- Jesús
- Suplicó
- Curara
- Tocó
- Sacerdote
- Sanado
- Gracias

S	G	D	G	M	Z	H	P	E	U	M	E
A	F	Q	R	E	A	L	C	N	U	H	G
C	E	W	A	F	I	V	U	F	J	W	S
E	Y	P	C	I	L	M	R	E	E	U	J
R	V	Z	I	G	E	C	A	R	S	R	C
D	J	N	A	P	W	R	M	Ú	N	K
O	U	S	S	D	R	A	A	E	S	L	S
T	F	A	P	F	A	Y	N	D	L	S	A
E	S	V	L	D	H	V	P	A	S	N	N
T	O	C	Ó	Z	R	U	Q	D	M	D	A
S	U	P	L	I	C	Ó	C	X	V	Q	D
H	O	M	B	R	E	B	V	P	I	J	O

El paralítico en el estanque de Bethesda

Juan 5:1-9

Había un hombre que no podía caminar. Fue a un lugar especial donde la gente se curaba. Jesús lo vio y le dijo que se levantara.

El hombre lo hizo y caminó. **Todos se alegraron y dieron gracias a Dios.**

38

PALABRAS A BUSCAR

- Hombre
- Caminar
- Especial
- Jesús
- Levantara
- Caminó
- Alegraron
- Gracias
- Dios
- Curación

R	G	R	A	C	I	A	S	J	F	O	F
C	C	N	Q	M	N	S	V	B	M	D	Z
F	T	Q	T	S	C	A	M	I	N	A	R
S	T	J	S	G	T	P	V	B	B	X	H
D	I	O	S	B	Y	J	U	C	G	E	O
A	L	E	G	R	A	R	O	N	L	L	M
E	M	C	O	L	T	V	R	C	Q	L	B
C	U	R	A	C	I	Ó	N	Z	B	T	C
Q	J	Y	G	Q	L	J	E	S	Ú	S	E
G	L	E	V	A	N	T	A	R	A	V	Q
X	O	K	P	H	C	A	M	I	N	Ó	V
E	S	P	E	C	I	A	L	U	N	G	S

La curación de la hija de Jairo

Lucas 8:41-56

Había una niña muy enferma. Su papá, Jairo, buscó a Jesús para que la sanara. Jesús llegó a su casa y la niña parecía estar muerta. Jesús la tomó de la mano y le dijo que se levantara.

La niña se levantó y todos estaban felices.

39

PALABRAS A BUSCAR

- Niña
- Enferma
- Jairo
- Jesús
- Casa
- Muerta
- Mano
- Levantara
- Feliz
- Sanar

```
W Z U Q T P J C X X C N
J J F P M A N O Y D L I
O A H J K T C E I Y E Ñ
X I Z I Z Y A K H D V A
M R T M U Q S U Y U A D
U O Q P V G A W K A N E
E P N Y D Y E I S D T Q
R G Y Q D F P A L G A C
T E N F E R M A V K R H
A T M S A N A R Z E A K
C M P S W I B J E S Ú S
H N Z F E L I Z O E A Y
```

La curación de la mujer que tocó el manto de Jesús

Mateo 9:20-22

Había una mujer enferma que quería sanar. Ella tocó el manto de Jesús y se curó. Jesús sintió que algo había pasado y le preguntó quién lo había tocado. La mujer se asustó, pero Jesús le dijo que su fe la había sanado. La mujer se sintió muy feliz.

40

PALABRAS A BUSCAR

- Mujer
- Enferma
- Manto
- Jesús
- Curación
- Preguntó
- Asustó
- Fe
- Sanado
- Feliz

G	G	L	Z	O	E	J	E	S	Ú	S	G
C	A	F	G	K	N	J	Z	A	W	H	D
U	B	E	M	H	F	V	J	A	Q	W	Q
R	S	L	R	U	E	K	I	S	C	C	I
A	A	I	E	M	R	Y	U	U	P	Q	W
C	N	Z	J	D	M	A	D	S	R	N	P
I	A	U	U	U	A	D	P	T	E	C	L
Ó	D	M	Z	K	T	A	E	Ó	G	O	S
N	O	A	E	N	C	L	U	R	U	M	I
Q	C	N	B	E	Y	Y	I	R	N	B	I
G	P	T	L	M	U	J	E	R	T	E	I
X	V	O	F	E	G	I	M	E	Ó	H	V

La tempestad calmada por Jesús

Mateo 8:23-27

La tempestad calmada por Jesús" cuenta cómo Jesús calmó una tormenta en el mar cuando él y sus discípulos estaban navegando en un barco.

Los discípulos estaban asustados porque la tormenta era muy fuerte y pensaban que iban a morir, pero Jesús reprendió al viento y al mar, y todo se calmó repentinamente.

Los discípulos se asombraron y se preguntaron quién era Jesús. Él les dijo que tuvieran fe en él y que no tuvieran miedo.

41

PALABRAS A BUSCAR

- Jesús
- Discípulos
- Barco
- Tormenta
- Viento
- Mar
- Calmar
- Milagro
- Asombro
- Fe

B	E	P	O	K	X	H	F	F	K	C	N
V	T	O	R	M	E	N	T	A	T	E	D
B	U	Z	A	S	O	M	B	R	O	M	I
C	M	X	B	J	E	I	T	D	V	V	S
A	A	U	D	E	D	O	K	B	Q	I	C
L	R	Z	J	S	Z	K	P	M	P	E	Í
M	M	Q	S	Ú	F	L	T	I	C	N	P
A	N	O	O	S	N	I	U	L	Z	T	U
R	B	E	Y	V	Q	W	C	A	N	O	L
J	A	P	B	A	R	C	O	G	A	V	O
R	B	U	M	S	B	D	Y	R	L	Q	S
J	V	M	R	T	D	H	L	O	Y	F	E

Jesús caminando sobre el agua

Mateo 14:22-33

Un día, Jesús quería encontrarse con sus amigos. Pero ellos estaban en un barco en medio del mar. Jesús caminó sobre el agua y se acercó al barco. Los amigos se asustaron al principio, pero luego se alegraron al ver a Jesús.

Todos llegaron a la otra orilla del mar sanos y salvos.

#42

PALABRAS A BUSCAR

- Salvos
- Amigos
- Barco
- Mar
- Caminó
- Agua
- Asustaron
- Alegraron
- Orilla
- Sanos

X	U	E	H	C	A	M	I	N	Ó	W	L
Q	Q	I	T	A	S	A	N	O	S	V	S
N	V	O	M	L	Y	C	L	C	B	H	Q
A	H	I	A	E	I	N	F	Z	S	O	A
S	P	G	M	G	S	A	L	V	O	S	G
U	X	P	I	R	A	E	O	E	U	P	U
S	L	O	G	A	Q	J	Q	M	O	E	A
T	R	R	O	R	H	A	E	A	K	C	D
A	B	I	S	O	H	Z	Q	R	Y	I	A
R	U	L	B	N	D	B	C	J	A	E	N
O	L	L	H	Q	N	N	W	O	I	J	N
N	L	A	X	N	W	B	A	R	C	O	V

La cena en la casa de Simón el leproso

Mateo 26:6-13

Un día, Jesús fue a cenar a casa de Simón. Mientras comían, una mujer le puso perfume en los pies a Jesús. Los amigos de Jesús se enojaron porque el perfume era muy caro. Pero Jesús dijo que la mujer estaba haciendo algo bueno y que siempre sería recordada por eso.

La mujer se sintió muy feliz.

#43

PALABRAS A BUSCAR

- Jesús
- Cena
- Simón
- Mujer
- Perfume
- Pies
- Amigos
- Enojados
- Bueno
- Feliz

B	E	N	O	J	A	D	O	S	F	Q	S
B	D	T	O	B	J	O	U	J	K	N	Z
M	V	A	C	U	A	Q	F	E	L	I	Z
U	W	M	L	E	M	K	W	M	J	S	G
J	K	F	I	N	I	S	Y	N	J	T	J
E	D	B	P	O	G	I	M	M	R	B	P
R	L	F	V	T	O	M	O	U	Y	M	E
I	U	B	C	Z	S	Ó	O	J	J	Q	R
M	W	W	E	P	D	N	R	E	J	O	F
I	W	Z	N	I	F	T	A	S	P	T	U
W	Z	Y	A	E	Y	C	T	Ú	Z	D	M
H	N	I	I	S	J	Q	Q	S	V	G	E

La viuda que dio dos monedas en el templo

Lucas 21:1-4

Un día, Jesús estaba en el templo observando a las personas dar sus ofrendas. Vio a una viuda que sólo tenía dos monedas y las puso en el cofre de ofrendas.

Aunque eran muy pocas monedas, Jesús dijo que la viuda había dado más que los demás porque dio todo lo que tenía.

La viuda se fue feliz sabiendo que había hecho algo bueno.

#44

PALABRAS A BUSCAR

- Jesús
- Templo
- Ofrendas
- Viuda
- Dos monedas
- Cofre
- Demás
- Todo
- Feliz
- Bueno

```
J M E O X M N U L O V R
Y J M L R Y S L C F P R
Q N Q P L L U T O R U R
W V I U D A Q E F E Y A
T N C K B T K M R N D H
J E S Ú S O U P E D Y F
F E L I Z D C L P A S N
O X X C F O G O B S N X
M Z Y W Q B U E N O W C
R V D E M Á S R S C S O
A L D O S M O N E D A S
U U A G W D D D M U H Z
```

La traición de Judas a Jesús

Mateo 26:47-50

Una noche, Jesús estaba orando en el jardín cuando llegó Judas con un grupo de personas. Judas besó a Jesús en la mejilla, pero en realidad era una señal para que las personas lo arrestaran.

Jesús sabía lo que iba a pasar y se dejó llevar pacíficamente.

Judas se arrepintió después, pero ya era tarde.

#45

PALABRAS A BUSCAR

- Judas
- Jesús
- Orando
- Jardín
- Beso
- Arrestado
- Pacífico
- Arrepentido
- Tarde
- Señal

K	I	F	A	Q	J	M	N	B	E	S	O
S	B	V	R	Y	A	N	X	N	W	A	X
E	H	R	R	C	R	M	Y	W	E	R	H
Ñ	F	B	E	D	D	S	D	W	H	R	I
A	D	Y	P	J	Í	T	Z	X	M	E	Z
L	O	Z	E	U	N	A	I	F	C	S	Q
Q	O	M	N	D	P	R	I	I	K	T	Y
K	R	O	T	A	Y	D	O	P	T	A	G
T	A	Z	I	S	F	E	P	D	L	D	H
Z	N	M	D	J	V	W	O	G	A	O	T
N	D	U	O	P	A	C	Í	F	I	C	O
N	O	M	R	A	L	J	E	S	Ú	S	O

La negación de Pedro de conocer a Jesús

Mateo 26:69-75

Después de que Jesús fue arrestado, Pedro lo siguió hasta el patio de la casa del sumo sacerdote. Allí, varias personas le preguntaron si conocía a Jesús, pero Pedro dijo que no lo conocía.

Esto sucedió tres veces, y después de la tercera vez, un gallo cantó como Jesús había predicho.

Pedro se sintió muy triste por haber negado a su amigo.

#46

PALABRAS A BUSCAR

- Pedro
- Jesús
- Arrestado
- Patio
- Sacerdote
- Negación
- Tres veces
- Gallo
- Triste
- Amigo

T	R	E	S	V	E	C	E	S	S	R	Q
A	T	H	R	W	K	M	G	N	A	Z	A
R	R	R	I	G	H	G	C	E	C	P	E
R	I	D	W	G	T	C	F	G	E	V	R
E	S	T	O	H	P	R	W	A	R	Y	M
S	T	P	G	A	L	L	O	C	D	S	X
T	E	A	F	L	Z	J	C	I	O	Y	B
A	X	T	J	E	S	Ú	S	Ó	T	I	C
D	P	I	O	W	W	A	E	N	E	A	V
O	U	O	K	J	G	A	A	M	I	G	O
U	N	B	K	Y	R	K	A	C	D	T	Y
P	E	D	R	O	Z	M	G	O	I	S	Y

Liberación de Barrabás en lugar de Jesús

Mateo 27:15-26

Había un hombre malo llamado Barrabás, y también estaba Jesús. La gente tuvo que elegir cuál de los dos debía ser liberado. Escogieron a Barrabás y dejaron que crucificaran a Jesús.

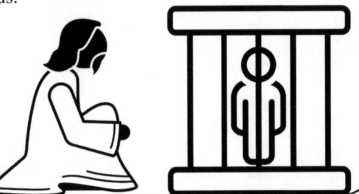

#47

PALABRAS A BUSCAR

- Barrabás
- Jesús
- Liberación
- Elección
- Crucifixión
- Malo
- Gente
- Juicio
- Castigo
- Condena

U	I	C	S	F	V	V	A	E	M	L	U
M	Y	R	A	E	L	E	C	C	I	Ó	N
L	J	U	M	D	C	O	N	D	E	N	A
I	U	C	O	C	H	E	Q	F	B	J	G
B	I	I	Q	A	Z	G	P	V	A	E	N
E	C	F	P	S	V	M	X	Y	R	S	T
R	I	I	S	T	W	G	D	O	R	Ú	N
A	O	X	O	I	C	E	A	C	A	S	G
C	A	I	K	G	K	N	Y	I	B	A	B
I	J	Ó	H	O	W	T	A	I	Á	C	P
Ó	W	N	P	S	R	E	B	R	S	E	V
N	M	A	L	O	T	S	W	K	A	B	M

El centurión que reconoció a Jesús como el Hijo de Dios

Mateo 27:54

Había un soldado que creyó en Jesús, aunque no era judío. El soldado lo vio morir en la cruz y dijo **"verdaderamente este era el Hijo de Dios"**.

#48

PALABRAS A BUSCAR

- Centurión
- Jesús
- Hijo de Dios
- Soldado
- Cruz
- Muerte
- Creencia
- Testimonio
- Reconocer
- Fe

```
M M P Z T I N E I F E J
V E X Z E J A N V O C E
P I P N S C M S L D R S
A V M K T R U O X S E Ú
E K G U I E E L Q J C S
A U N Q M E R D N S O O
C Q Y F O N T A I G N C
B L D B N C E D B K O R
L R U F I I H O T T C U
X W M K O A Q U G S E Z
H I J O D E D I O S R K
F P C E N T U R I Ó N O
```

La conversión de Saulo en el camino a Damasco

Hechos 9:1-19

Había un hombre llamado Saulo muy enojado con los cristianos. Un día, en su camino a Damasco, una luz brillante lo cegó y oyó una voz que le preguntaba por qué perseguía a Jesús.

Saulo se dio cuenta de que estaba equivocado y cambió su vida, convirtiéndose en un gran seguidor de Jesús.

#49

PALABRAS A BUSCAR

- Saulo
- Conversión
- Damasco
- Destell
- Ceguera
- Ananías
- Bautismo
- Testimonio
- Apóstol
- Iglesia

A	N	A	N	Í	A	S	T	D	D	D	C
T	Y	I	T	Q	N	G	K	I	A	A	O
H	E	G	Q	K	I	K	G	C	N	M	N
H	S	A	U	L	O	S	C	M	Y	A	V
H	R	T	D	E	S	T	E	L	L	S	E
W	B	A	U	T	I	S	M	O	U	C	R
T	E	S	T	I	M	O	N	I	O	O	S
V	B	C	E	G	U	E	R	A	E	J	I
F	L	V	Q	Z	J	U	P	U	A	Y	Ó
A	P	Ó	S	T	O	L	B	G	H	N	N
B	I	G	L	E	S	I	A	I	N	H	Q
Z	B	S	F	K	N	D	I	S	G	Q	E

La curación de un ciego de nacimiento

Juan 9:1-12

Había un hombre ciego desde que nació. Un día, Jesús lo encontró y le dijo que se lavara los ojos en una piscina. Cuando lo hizo, pudo ver por primera vez en su vida.

La gente se sorprendió y preguntó cómo había sucedido, y el hombre les contó cómo Jesús lo había curado.

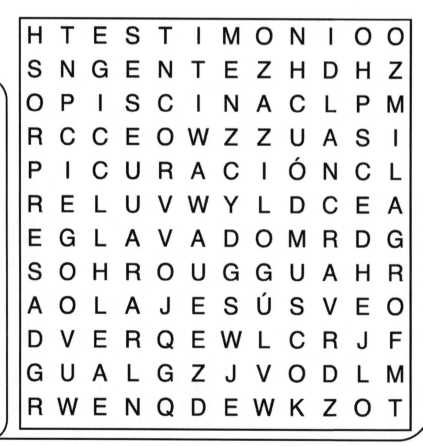

#50

PALABRAS A BUSCAR

- Ciego
- Jesús
- Lavado
- Piscina
- Milagro
- Ver
- Gente
- Sorpresa
- Curación
- Testimonio

H	T	E	S	T	I	M	O	N	I	O	O
S	N	G	E	N	T	E	Z	H	D	H	Z
O	P	I	S	C	I	N	A	C	L	P	M
R	C	C	E	O	W	Z	Z	U	A	S	I
P	I	C	U	R	A	C	I	Ó	N	C	L
R	E	L	U	V	W	Y	L	D	C	E	A
E	G	L	A	V	A	D	O	M	R	D	G
S	O	H	R	O	U	G	G	U	A	H	R
A	O	L	A	J	E	S	Ú	S	V	E	O
D	V	E	R	Q	E	W	L	C	R	J	F
G	U	A	L	G	Z	J	V	O	D	L	M
R	W	E	N	Q	D	E	W	K	Z	O	T

Respuestas

1

```
Q Q  B E L É N  X W V
D  R E G A L O S  Q Y
W  E S T A B L O  K X
 I M P O R T A N T E
Y X X Y  F E L I Z  U
 N A C I M I E N T O
W V  B E B É  X X U X
 J E S Ú S  U Q Q V X
 P A S T O R E S  X U
 Á N G E L E S  K V V
```

2

```
 B R I L L A N T E  U
U F V W  M A G O S  Z
 O R O  P E R S I A  K
X H D U  M I R R A  Z
Q U  E S T R E L L A
H V  J E S Ú S  D V K
F H U Z V W W K W K
 I N C I E N S O  H W
 R E G A L O S  D Z W
W F D  R E Y E S  K U
```

3

```
W W K W F G F  C I E L O
 H I J O  W F X Q K Y X Q
 B A U T I Z A D O  F W Q
K X Y G F G G K W X K F
Y W  J U A N  K G K K X K
 C E L E B R A C I Ó N  Y
K Y W X G W X F W W X Y
G  R Í O J O R D Á N  Y Q
W G Y G K G W W Y X X Q
X F  J E S Ú S  Y F  V O Z
 E S P E C I A L  F G K G
 C O M P L A C E N C I A
```

4

```
W V  P E D R O  Y K B
B V X  A N D R É S  X
K B X  L L A M A D O
F Q Q Y W X Y B W K
 P E S C A D O R E S
 S A N T I A G O  Y Q
 D I S C Í P U L O S
 E N S E Ñ A N Z A S
Y K H Q  S E G U I R
 J E S Ú S  Y  J U A N
```

5

```
W W W  M U L T I T U D  Z
X  E N F E R M O S  W Z H
Z Q X V W Z  J E S Ú S  X
Q  C I E G O  Y Q Z K V X
X  A S O M B R O  H X W Q
W H H V Q V Z Z X K Q V
W  M U L T I P L I C A R
Y K V W K W Y  P A N E S
H H V W H Y X  P E C E S
 M I L A G R O S  H K K W
H Q W Z W Z V X H X V Q Q
Z H  S A N A R  K V Y V Y
```

6

```
Q Y B K B W H B F Y B F
H X  Ú L T I M A C E N A
Z  N U E V O P A C T O  F
 C U E R P O  K X  P A N  Z
 L A V A D O D E P I E S
 A M O R  F  S A N G R E  Z
W K F H F B H K Q Z K X
B Q X Z K  P A S C U A  X
H Q F F Q F Z Y Q Q K Z
Z Q F Z F X X F W B X
H  D I S C Í P U L O S  K
H B X H F X Q  J E S Ú S
```

7

```
Y W P L A N D I V I N O
F U E R Z A H B Y H Q Y
T R I S T E Z A B B Y W
W Y B Q Y A R R E S T O
H Q Y K B W W K Q B Q K
W K B G E T S E M A N I
B C R U C I F I X I Ó N
W J A R D Í N H B W K W
H H A N G U S T I A K B
Q W O R A C I Ó N Y H B
W B B H Q W K Y Q K Q H
C U M P L I M I E N T O
```

8

```
Z Y Y Q Z A R R E S T O
W W Z Z K B H Y Z B W Y
K A C U S A C I Ó N K Z
Q B S A L V A C I Ó N M
H W C O N D E N A H Z Y
M H Z S O L D A D O S W
B J E S Ú S W Q Z M W B
Q H Y Z B Y Q M M W H H
P L A N D I V I N O B B
Q I N T E R R O G A R M
Y C R U C I F I X I Ó N
M Y P I L A T O S K K H
```

9

```
B M W P Z W B S J K J R
B U Y E W C Z U Z J C E
W E Q R Y R H U F B L S
P R B D Z U S R I B A U
I T B Ó N E C O L Q V R
L E J N E I I M G Z A R
A W K B P F D A Ó Z D E
T Z H J U I A L Q O C C
O H B Y L X E G T Y Q I
W Q H Q C I N O B Q C I
B Q Q J R Ó N O T J W Ó
W Y Y W O N B Y A B Z N
```

10

```
Z B S B D V R H F W G F
F A P A Q I I E W Z Z X H
A L A K S C E S K A F F S
S V B C P T U X P K J E
C A C R Í O C Z A X H P
E C I P U L A B I B U
N I Ó M E L A A W C H S
S Ó N E O G D X I X H L
I N Q S S Q O F Ó K K C
Ó N O K A G Y B Q N H F R
B Z Y F F B Q B X G F Y
```

11

```
J F D C C J F W R V V J
F Y I U E M Q Y E V K X
X X S A L O N A W G É V X
Y V C R E T A N G R E J X
V H Í P N A Ñ E S I Ñ A
H Y N U T A E L R X C E
J J T L A D I F R K A N S
Q O O S I C T X N V I
F Q S Í Ó X Q T X Z A J Ó
W F Q A N F X U V A N
Y H Y S H Q J X J S V N
```

12

```
Q Z W V W W W W Q K P K W
X K P I Q Q L Z W E K Q
D Z R E C K E N E N Q W
I W H O F T O R E M N T E Q
S C A B R S A N U E T C É Q
C Í B L K E N G S A W O Í Q
P U L Í A Q T X X E T R K L
L O R Q K E Z W Z W É T Z
O K Q X S K K X K S U W
S Q Q Z K Z X Q Z K X Q
```

13

```
F Z F W Z X F K K F Q Z
X J W F K S W X O K X H
V U K X X A C F R V W O
Z A W W T N R W A V Z M
K N Z Q E A E Y E I M B
K Ñ Z V M C Y D P C V R
V O X Z P I E D Ó M E E
K M W W L Ó N T R W A C
W B V F O N T O W L A O
X R F F Z X E F X G R J
W E Q Z V Q S K X R N O
W F X K W X Z W X O V K
```

14

```
X V H X F Y H V J V A F
K H W Y F W P X J X P C
X K S P J K E R V W A E
X Q E A K J R É Y Y R G
F F G B F F R S N F C U
A Q U L V Á E S F T A E
M X I O F N A U C A S R
I Y D K A N Í Ñ J S Ó A
G W O J U L I Z Y Q K W
O R K X L A Ó J V J H V
Y K F X A S N T Y Q K X
V Q F V O S N A V H Q F
```

15

```
K J D I F U S I Ó N
G E V P T I U F M É
U S I P C K M E P N
W Ú A E K K G Z U S
L S J H P A B L O E
C E J L U L S B Ñ
W Z C A R T A S M A
D E S A F Í O S C N
M I S I O N E R O Z
D I G L E S I A S A
```

16

```
E R E S J E S Ú S Y
N E W A B C R G P K
S G C A R R B E G D
E A J R C E R S L I
Ñ L I R R A S P W O
A O A F U M E C X S
N F Y I Z O R I G M
Z B U C Ó R C A B B
A R D H N C I A A Y
R D M M M M M M M M
T K A O X U O L C G
```

17

```
C R U Z B T D A D A A
C O N F E S I Ó N R
C V F W C J M D I R
P E C A D O S W A R
U S B Y D I O S M E
J P Q L J T E V O P
E O T A Y U D A R E
S C A S T I G O Z N
Ú C G O Z A X F M T
S P E R D Ó N N X I R
```

18

```
P A I N C R E I B L E N
E Y S U P E R A C I Ó N
R U O D I V A E G F B D
S D X E O X G R I Z I D
E A B S V F L O S F E M
V O P A P L A N O L S C
E O F F V W K H S I H F
R N D Í K M H Z L C M H
A H E O O C F U E R Z A
R T Q S W P D U A K M J
Q E S P E R A N Z A N B
Y U V C O N F I A N Z A
```

19

```
A C O N F I A N Z A Z A
C P N D G J T V I N M E
O I W J X O F X R C E R
N G A L E S C U C H A R
E J P R I V A C I D A D
X T O R A C I Ó N Z Y J
I I M P O R T A N C I A
Ó X E A B A Z P P A Z K
N Y J H Z D J E S Ú S A
Z A Y U D A T N T F J I
E K G E Q L A U L T I Z
F O R T A L E C E R S K
```

20

```
A M O R D E D I O S R S
C A Y Q C M B J P F J A
C A M I N O D E V F B B
F E L I Z D C W E L L I
J Q E M G D S I N I E D
Q R R T C Z D J S C C U
O N X F H Z V J E I T R
L Á M P A R A P Ñ D U Í
L F B I B L I A A A R A
Y V P U D F Q R N D A J
W P E Z X T A Q Z Y Z X
J R V I D A G Y A F X A
```

21

```
F S J J S D Y O H X T W
G T O E C P V D Z I I C
U W U S C V S Q H O E R
N G W Ú V B I K X K R E
B H G S D E L R K Z R C
E U J P A J A R O S A I
N I S E M B R A D O R M
A E F R U T O S S F I I
K R K A Q X C J G Y E N
M M U S E M I L L A S T
B E P A L A B R A S B O
B E S P I N A S H W Y
```

22

```
Z H Q S E G A S T A R A
V C C Y P H I J O B N R
M A E Q D R D N H V C R
V W L R E G R E S O F E
W H E K U Z J B M Z F P
V E B P F P E R D Ó N E
T R R H I C F B S C B N
X E A N E E A T F G A T
T N C A S R W C T I M I
Q C I R T D Q Z D X O R
W I Ó I A O U E L L R S
H A N X B S S Z N Q J E
```

23

```
N C D C N S A M O R M T
T L D N L A D R O N E S
D X V I A J E R O H Y J
T G U P Z A Y U D A X T
U O N P E B B A V M A V
Z I B B H O M B R E A C
H E R I D O S O I G T P
C U I D A D O T Q B E G
S A M A R I T A N O N K
D E Y B B P Y S W Q C I
P T V E C I N O S C Ó K
Z C F Q O T A T I R N I
```

24

```
H E N F E R M O S P P E
G D J C I E L O J E A J
Q U J Q O R B H C A S A
P H A M B R I E N T O Z
O C Q K R O P A C A R A
M L Á Z A R O H X O M H
O L H I T M J Z O F H P
L H V P X V T G C E O B
H O M B R E R I C O T B
I N F I E R N O U L A R
R R I C O D J X B N F U
Z M L S Y B T L Y S J K
```

25

```
J K V C U I D A D O U J
X E N C O N T R A R V D
P A S T O R P F B H F F
T S Q J K X E Z Ú J M C
P T R Q J B R L S U M F
N R F J G R D M Q Q I H
M E O A U A I F U P X K
B B V C Í M D Y E P I J
A A E U A O A G D P G E
T Ñ J O X R J A Y Y S
U O A G G T C H E L V Ú
O R S P V N V F Q R I S
```

26

```
W G R Z C I E L O T
Z P E C A D O S W F
P R O T E C C I Ó N
X P X G B K S M A L
R A F K J O L U L B
P D T S I C N I W D
A R W J E S Ú S J R
N E K J P E R D Ó N
H I V O L U N T A D
D I S C Í P U L O S
```

27

```
L B J X B A B R J O J C
D I O S X N A Y U D A R
I M P O R T A N T E L U
E J C U H E B R E O S S
E J N J Q B I E N V V L
H U I X N E I X O T T A
S A C R I F I C I O S C
X U E D X H B V R F E D
S X Q C A G R A D A R E
B K B O N D A D Y I D M
F H C O M P A R T I R Á
G P C W F A P N F I N S
```

28

```
A A V L Y F M C U D G D
M H Z J M W Q O M B J E
A A E X B H X M U E N M
B S R T J X L P T H E Á
L E O T L A Z A U K X S
E T S W W J C S A G B L
S G I V L E V I M H D P
L B I B L I A V E W I N
C R I S T O D S N N O A
P E R D Ó N M S T A S M
G R A C I A X D E T M O
Y B P A G K F L Q G Z R
```

29

```
T B S X W U B I B L I A
T Q N T V O H M A D O V
R Y E C O M P A R T I R
A L C R B O N J E S Ú S
B O E C I X U W S Z G A
A N S L A M O R Q J M T
J Q I J B X S O D L V T
O L T W A M M L I W D Y
N D A V Y X O I C O A N
X I D G U G N G H X R W
D L O H D Z E E A O E R
A C S W A U D E M Á S O
```

30

```
Y V Q C X F Z U I R A W
Y O B A J E S Ú S M V L
J K M P A R Z V E C E S
G G P E M N B H J F U G
F H E R A B I B L I A A
Y L C D R V P Z F O K A
B O A O G R Q V S D U F
I A D N U M J C Z I H D
T R O A R J G U Y O S Y
N A S R A W P W F F T V
X W X P W E Y D E M Á S
H P M O O M P A Z B W T
```

31

```
A Q G G R A C I A K C S
S R E C A U D A D O R L
A L G H Q A B A C S J J
F E B A X J R R A A O E
I A R B O L H R M L G S
Z A Q U E O P E B V A Ú
W S A E W R A P I A F S
X I I C A S A E O C H
P E R D I D O N I I F R
J N F S S H K T U Ó Z L
L P X K H P Z I Y N H U
A C H H Z B P R J A P A
```

32

```
A M U J E R N G E F M U
O B F F U E J E S U S L
O G P E R D Ó N I R W U
M I S E R I C O R D I A
Y N C U D R N C R L V R
P J O V P I E D R A I B
E N N A M O R W Q I B Q
C Y D F T O N O H M E G
A I E A D U L T E R I O
D L N Y J D V L I B R E
O R A G M D N V L Z A X
V N F T C V O D N Q C G
```

33

```
T N P H M N Y N V C S U
V L H N T L Q A I I A K
T B A U C J E M D H M I
Z P G W R E K O A A R D
E I U M E S Z R E I S E
É K A X E Ú Y D T L V C
S W A P N S H E E A I U
P E R P C N C D R N T B
O X R D I J A O A I A A
S D N B A I G O N A I D
O C P O Z O K S R Ó A D
S U M E S Í A S U N Z L
```

34

```
R E S U R R E C C I Ó N
N E Q M A R A V I L L A
S H E N F E R M E D A D
L S F V J M U E R T E K
T H P I E D R A A H Z G
V O T J B O H V F I C Z
R Q H U X W J V F X M J
M S A U X P B I K C A E
Q O R A C I Ó N V S R S
K P T N Y Z C Q T P T Ú
J G D L Á Z A R O Z A S
H V I D A E T E R N A P
```

35

```
E E L Í A S Z P S G I T
U U F W A K M L A A Y N
F M P N O G D P N D M U
X O J U A N K D T O O O
X N V S K U M A I G I T
E T W N T U D B A G S T
Q A V J U L Y Q O É T
B Ñ Y E P G H S O Z S
D A Q J E S Ú S A Q Y M
T R A N S F I G U R A R
E S H I J O D E D I O S
X G C P E D R O F H A R
```

36

```
E T S Y C O J E S Ú S U
L M U T R I S T E A U N
I R W Y O C O S A S E C
C I E L O J M Y E T E C
C J O V E N R I C O V H
R R C G D G Q C Y I J W
V I A A Y Q J I E L G A
E C M G J S E G U I R O
N O E U H B G H C J H U
D Q L J A R M U Q O Q T
E K L A K F Z Y S I U F
R W O W X C X V X Q G F
```

37

```
S G D G M Z H P E U M E
A F Q R E A L C N U H G
C E W A F I V U E J W S
E Y P C I L M R E U J
R V Z I G E C A R M Ú N K
D J N A F P W R A E S
O U S S D R A A E L S
T F A P A Y N D L S A N A D
E S V L D H V P A S N O
T O C O Z R U Q D M D
S U P L I C O C X V Q
H O M B R E B V P I J O
```

38

```
R G R A C I A S J F O F
C C N Q M N S V B M D Z
F T Q T S C A M I N A R
S T J S G T P V B B X H
D I O S B Y J U C G E O
A L E G R A R O N L L M
E M C O L T V R C Q L B
C U R A C I Ó N Z B T R
Q J Y G Q L J E S Ú S E
G L E V A N T A R A V Q
X O K P H C A M I N O V
E S P E C I A L U N G S
```

39

```
W Z U Q T P J C X X C N
J J F P M A N O Y D L I
O A H J K T C E I Y E Ñ
X I Z I Z Y A K H D V A
M R T M U Q S U Y U A D
U O Q P V G A W K A N E
E P N Y D Y E I S D T Q
R G Y Q D F P A L G A C
T E N F E R M A V K R H
A T M S A N A R Z E A K
C M P S W I B J E S Ú S
H N Z F E L I Z O E A Y
```

40

```
G G L Z O E J E S Ú S G
C A F G K N J Z A W H D
U B E M H F V A Q W Q
R A S L R U E K I S C C I
A N L I E M R Y U U P Q W
C A I U U A D P T E C L
I D M Z K T A E Ó G O S
Ó N A N C L U R U M I
Q C N B E Y Y I R N B I
G P T L M U J E R T E I
X V O F E G I M E Ó H V
```

41

```
B E P O K X H F F K C N
V T O R M E N T A T E D
B U Z A S O M B R O M I
C M X B J E I T D V V S
A A U D E D O K B Q I C
L R Z J S Z K P M M E N
M M Q S Ú F L T I C N O
A N O O S N I U L Z T O
R B E Y V Q W C A N O L
J A P B A R C O G A V O
R B U M S B D Y R L Q S
J V M R T D H L O Y F E
```

42

```
X U E H C A M I N O W L
Q Q I T A S A N O S V S
N V O M L Y C L C B H Q
A H I A E I N F Z S O A
S P G M G S A L V O S G
U X P I R A E O E U P U
S L O G A J Q M O E A A
T R R O R H A E A K C D
A B I S O H Z Q R Y I A
R U L B N D B C J A E N
O L H Q N N W O I J N
N L A X N W B A R C O V
```

43

```
B E N O J A D O S F Q S
B D T O B J O U J K N Z
M V A C U A Q F E L I Z
U W M L E M K W M J S G
J K F I N I S Y N J T J
E D B P O G I M M R B P
R L F V T O M O U Y M E
I U B C Z S Ó J J Q R F
M W W E P D N R E J O U
I W Z N I F T A S P T M
W Z Y A E Y C T Ú Z D M
H N I I S J Q Q S V G E
```

44

```
J M E O X M N U L O V R
Y J M L R Y S L C F P R
Q N Q P L L U T O R U R
W V I U D A Q E F E Y A
T N C K B T K M R N D H
J E S U S O U P E D Y F
F E L I Z D C L P A S N
O X X C F O G O B S N X
M Z Y W Q B U E N O W C
R V D E M Á S R S C S O
A L D O S M O N E D A S
U U A G W D D D M U H Z
```

45

```
K I F A Q J M N B E S O
S B V R Y A N X N W A X
E H R R C R M Y W E R H
Ñ F B E D S D W H R I
A D Y P E J Í T Z X M E Z
L O Z E N U A I F C S Q
Q O M N D P R I I K T Y
K R O T A Y D O P T A G
T A Z I S I F E P D L D H
Z N M D J V W O G A O T
N D U O P A C Í F I C O
N O M R A L J E S Ú S O
```

46

```
T R E S V E C E S S R Q
A T H R W K M G N A Z A
R R R I G H G C E C P E
R I D W G T C F G E V R
E S T O H P R W A R Y M
S T P G A L L O C D S X
T E A F L Z J C I O Y B
A X T J E S U S Ó T I C
D P I O W W A E N E A V
O U O K J G A A M I G O
U N B K Y R K A C D T Y
P E D R O Z M G O I S Y
```

47

```
U I C S F V V A E M L U
M Y R A E L E C C I Ó N
L J U M D C O N D E N A
I U C O C H E Q F B J G
B C I Q A Z G P V A E N
E I F P S T V M X Y E T
R O X I S T W G D O R Ú N
A X O K I C E A C A S B
C A I K G K N Y I B A B
I J Ó H O W T A I Á C P
Ó W N P S R E B R S E V
N M A L O T S W K A B M
```

48

```
M M P Z T I N E I F E J
V E X Z E J A N V O C E
P I P N S C M S L D R S
A V M K T R U O X S E Ú
E K G U I E E L Q J C S
A U N Q M E R D N I G O
C Q Y F O N T A I G N C
B L D B N C E D B K O R
L R U F I I H O T T C U
X W M K O A Q U G S E Z
H I J O D E D I O S R K
F P C E N T U R I Ó N O
```

49

```
A N A N I A S T D D D C
T Y I T Q N G K I A A O
H E G Q K I K G C N M N
H S A U L O S C M Y A V
H R T D E S T E L L S E
W B A U T I S M O U C R
T E S T I M O N I O O S
V B C E G U E R A E J I
F L V Q Z J U P U A Y Ó
A P Ó S T O L B G H N N
B I G L E S I A I N H Q
Z B S F K N D I S G Q E
```

50

```
H T E S T I M O N I O O
S N G E N T E Z H D H Z
O R P I S C I N A C L P
R P I C C E O W Z Z U A S
P R E C U R A C I Ó N C L
R E L U V W Y L D C E A
E G L A V A D O M R D G
S O H R O U G G U A H R
A O L A J E S Ú S V E O
D V E R Q E W L C R J F
G U A L G Z J V O D L M
R W E N Q D E W K Z O T
```

Made in the USA
Columbia, SC
23 July 2024